Need A Name?

Over 2,600 Intriguing American Headstone Names From 1800-1930

By Kathleen Stamate

JEC PUBLISHING COMPANY
2049 E. Cherry Street, Suite 100
Springfield, Missouri 65802
(800) 313-5121

Library of Congress Control Number: 2008943547

ISBN: 978-0-9816282-6-4

Author: Kathleen Stamate

Prepared for Publishing: JE Cornwell and Tom Dease

Cover Design: Katie Uffmann

Printed in Canada

*Dedicated to my husband Steve who would sit
in the truck reading while I walked through the cemeteries.*

CONTENTS

INTRODUCTION

Collecting names has been a hobby of mine for many years. And as often happens, a hobby has turned into something else. In this case - a book.

My husband is on the Board of Directors of an old country cemetery where many of his early ancestors are buried. When I started going to the cemetery with him on clean-up or maintenance days, I began to notice some of the unusual names on some of the older headstones, and I started writing them down in a little notebook. And that's how it started. Over the years we have taken many afternoon drives through the country so that I could walk through the old cemeteries looking for unusual names.

The cut-off dates I chose, 1800 through 1930, came about because so many headstones older than 1800 are badly weathered and can no longer be read. And the names after 1930 became more and more familiar to me.

Many names that I had never seen before could be attributed to one or more of three things.

1. They are names from the old country due to the fact that there were many immigrants moving all across this country during that time period.
2. Some of the old-country names were Americanized.
3. The more unusual names were just plain made up on the spot, such as Aberrella.

Some of the names will be familiar but are listed because I was surprised at how long they have been in use, such as Jane.

Some names may be nicknames but I didn't try to guess. I only wrote down exactly what was on the headstone.

You will notice that many of the names were used interchangeably for boys or girls, such as Flavel, and these are noted with an asterisk (*). Names in parentheses ( ) note that I wasn't sure if it was a middle name or part of the first name.

I know of one case where a name on a headstone was misspelled and, for whatever reason, no one ever had it corrected. From this I am guessing that some of the names could be a misspelling. But then again, many people back then could not read or write, and there was no set standard for spelling. A name was written down however the person writing it down thought it sounded. But as before, I only wrote down exactly what was there.

As often as possible, I tried to include two dates just as my own way of confirming the validity of the names.

As a rule, on double headstones, where the husband and wife are listed on the same stone, the woman is on the left, and the man on the right. But not always. So at times, when both names were quite unusual, and without a reference to gender, such as Wife of....., or Son of ....., I was unable to determine which was which. These names are listed in the last section for unknown names.

Now as for how some of these names are pronounced, your guess is as good as mine.

Names
for
Girls

GIRLS – A

Aberrella 1805
Abigail 1866, 1909

Achsa 1851

Ada 1904
Adabelle 1918
Adarae 1925
Adda 189 0
Addie 1874, 1890
Adelaide 1896
Adelia 1874, 1857
Adeline 1897
Adella 1874, 1903
Adelma 1847
Ader 1885
Adryth 1926
Ady 1918

Aganeth 1855

Aiden 1849
Ailsey 1807
Ailsie 1912

Alabama 1849
Alaine 1920
Alba 1905, 1908
Alberta 1904, 1918
Albretta 1916
Alcy 1866
Aldah 1886, 1901
Aldean 1920
Aldeline 1865, 1892
Aldian 1920

Aldine* 1909
Aldora 1918, 1920
Aleen 1917
Aleene 1912
Aleta 1925
Aletha 1915
Alf 1876
Alfa 1916
Alfaretta 1910
Alfreddie 1920
Aline 1926
Allena 1910
Allene 1926
Allice 1846
Allie (Mae) 1922
Alliene 1917
Alline 1914
Allissia 1821
Allowee 1930
Allutia 1836
Alluwee 1905, 1923
Alma 1895
Almanda 1848
Almeda 1896, 1900
Almedia 1872
Almer* 1887, 1900
Almira 1870, 1885
Almita 1926
Almo 1918
Alnora 1890
Alonda 1906
Alora 1880
Alorena 1882, 1900
Aloth 1891
Alpha* 1905, 1909
Alphaneita 1919, 1925
Alphinzeen* 1925, 1927

Alta (Deane) 1888, 1905
Altalee 1920
Alva 1910
Alvia 1876
Alvina 1907, 1928
Alzada 1916
Alzadia 1820
Alzie 1900

Amalie 1898
Amel 1919
America 1852, 1863
Americus 1850
Amilla 1816
Amma 1819
Amner 1893
Amye 1914
Amyl 1894, 1916

Anace 1905
Anamerica 1833
Ananell 1925
Angeline 1822, 1886
Anise 1836
Annabelle 1900
Annagene 1926
Annah 1850
Annalea 1928
Annalyn 1912
Annbert 1908
Annice 1913
Annick 1930
Annis 1870
Anissa 1916

Appie 1894

Ara 1823, 1839
Arbaleta 1925
Arbazena 1888
Archileen 1926
Ardath 1918
Ardella 1861, 1930
Ardena 1849
Ardice 1917
Ardis 1917, 1928
Ardith 1925
Ardyth 1900
Aretta 1910
Arevenna 1925
Ariea 1913
Arietta 1912
Arizona 1898, 1900
Arlena 1911
Arlene 1925
Arletta 1915
Arliss 1920
Arlita 1900
Arlyn 1917
Armazinda 1833
Arminda 1843, 1853
Arminta 1836, 1864
Arnetta 1919
Arnita 1921
Arno* 1899, 1900
Artella 1910
Arthamese 1915
Arthus 1861
Arthusa (Ann) 1861
Artie 1907
Arva 1889, 1927
Arveta 1912
Arvilla 1926, 1930

11

Atha   1898
Athalena   1840
Atilee   1927
Atsy   1907

Auda   1898, 1909
Audena   1910
Augusta   1892
Augustine   1926
Aulsie   1925
Aurella   1905
Aurie   1885

Ava   1916
Avalee   1918
Avanell   1929
Averiel   1911
Avice   1907

Awta   1927

Axie (May)   1900

GIRLS – B

Babe   1905
Barbalila   1870

Beatrice   1907
Beattie   1896
Beauty   1900
Bell   1857, 1864
Belle   1876
Belva (Joe)   1899
Belvia   1914

Bennie   1925
Berel   1923
Bernardine   1930
Berneida   1920
Bernie*   1876
Bernita   1926
Bertha   1912
Berthena   1920
Berti   1886
Bertie   1840, 1900
Bervyne   1916
Beryl*   1906, 1911
Bessie   1907
Bethelhem   1886
Bethleh   1887
Beulah   1911
Beva   1911

Biddie   1877
Birde   1862
Birdie (Bell)   1883
Birdit   1827
Birdle   1917

Blanche   1927
Bland   1911
Blazena   1902
Bliss   1896

Bobbetta   1905
Bonita   1930
Bonnell   1911, 1924
Boodomie   1882
Boodomine   1882

Brisby   1866
Buena   1914

Buna 1912
Bunny 1923
Burneva 1908

Byna 1924
Byrdie 1910
Bytha 1892

GIRLS – C

Caldona 1888, 1904
Calista 1877
Calistea 1870
Calla 1900
Callie 1891
Camela 1930
Cana 1907
Canzada 1904
Cap 1910
Carlee 1925
Carley 1887
Carmaletta 1915
Carmel 1915
Carmeta 1925
Carolee 1920
Carolina 1848
Cascelia 1856
Cascilia 1840
Cassie 1883, 1894
Cathern 1905, 1928

Cecelia 1925
Cecie 1912
Cecil* 1910
Celesta 1907, 1914

Celeste 1912
Celestine 1906
Celia 1898, 1899
Celislia 1845
Celsa 1900, 1901
Celteen 1930
Cena 1912
Ceola 1924

Charlena 1913
Charlesetta 1925
Charlottie 1876
Charnell 1927
Cascelia 1856
Cherria 1926
Cherry 1930
Chessie 1925
Chestena 1904
Chloa 1897
Chloe 1902, 1925
Chloina 1925
Chlora 1905
Chlorene 1907
Chrissie 1906

Claire 1926
Clandia 1872
Clara 1862, 1886
Clarassa 1890
Clarcia 1900
Clarcie 1915
Clarene 1920, 1926
Clarice 1913
Clarinda 1870, 1878
Clavirda 1840
Claude* 1877
Clayoma 1910

13

Clea 1924
Clementine 1900
Clearcy 1841
Cleatis 1919
Cleda 1917
Clella 1904
Clemencia 1905
Clemma 1930
Clenna 1925
Cleopatra 1841
Cleora 1895
Cleota 1910
Clessie 1900
Cleta 1906
Cletis 1903, 1905
Cleva 1910
Clevabel 1908
Cliffe 1889
Cliffie 1907
Clippy 1916
Clistabel 1925
Cloda 1920
Clodine 1910
Clora (Bell) 1910
Cloud 1905
Clova 1911
Cloy* 1900
Clyola 1927
Clysta 1901

Coda 1907
Codelia 1900
Coleta 1857
Cora (Jane) 1883, 1895
Corabeth 1926
Corda 1900, 1911
Cordelia 1865, 1869

Cordia (Jane) 1881, 1892
Cordie 1850, 1892
Corinne 1913
Cornelia 1908
Corrine 1908, 1926
Cortrude 1910
Coyee 1929
Coyeta 1925
Cozella 1900

Crenna 1906
Creo 1904
Creola 1910
Cressie 1909
Creta 1898
Cretoria 1930
Crete* 1910

Cuba 1913
Cuma 1891, 1905
Cupy 1910

Cyntha 1829
Cynthissa 1918
Cyrena 1899

GIRLS – D

Daila 1923
Dailia 1925
Daisy 1876, 1886
Dala 1899
Dalby 1902
Dale 1900, 1915
Dalene 1930
Dalia 1879, 1884

14

Dallas 1920
Dallice 1928
Dalma 1909
Dana 1930
Dannie 1905
Daphene 1898
Darcus 1866
Darle 1898
Darlis 1901
Daryl 1926
Darryl 1915
Data 1909
Datie 1881
Dayta 1928
Daythel 1918, 1923

Dean 1918
Deane 1908
Dee 1915
Deela 1915
Deema 1921
DeLacy 1912
Delania 1866, 1875
Delacia 1920
Deleva 1925
Delia 1856, 1893
Delina 1805
Della 1886
Dellie 1872
Delma 1885, 1895
Delois 1908
Delora 1929
Delpha 1837, 1853
Delphe 1898
Delphia 1873, 1916
Delsa 1926
Delsie 1909

Delta 1917
Deltia 1915
Delveeta 1920
Delvita 1930
Dema 1886, 1918
Demoia 1900
Denia 1925
Denzel 1914
Denzelle 1908
Denzil* 1918
Derea 1870
Des Damona 1920
Dessia 1915
Dessie 1876, 1893
Destia (Mona)
Deva 1928
Dewey 1898
Dexie 1872

Dicia 1839
Dicy 1800
Didi 1930
Dillie 1924
Dina 1885
Diola 1898
Dioyla 1930
Diselezabeth 1856

Docia 1900
Docie 1919
Dodie 1868
Dola 1906, 1910
Dolene 1925
Doline 1895
Dollie 1850, 1915
Dolus 1930
Dona* 1900

15

Donia 1900
Donnia 1920
Donnis 1927
Donzella 1927
Doots 1930
Dora (Belle) 1857, 1898
Dorcas 1869
Doreen 1925
Doretta 1920
Dorma (Lou) 1928
Dormalie 1927
Dormalou 1926
Dorotha 1923
Dorothalene 1906
Dorrine 1916
Dorsey* 1920, 1928
Dorssie 1902
Dory 1890
Dorzella 1930
Dosha 1886, 1912
Doshia 1866
Doshie 1910
Dot 1900
Dotty 1926
Douglas 1920
Dove 1890, 1895
Dovie 1882, 1898
Doylene 1930

Drella 1919
Dressa 1890
Drury 1840

Duck 1860
DuEssie 1900
Duetta 1916, 1925
Dulcie 1889, 1922

Dulsa 1910
Dustimony 1883

GIRLS – E

Eacie 1911
Eady 1840
Earlie 1902
Earline (Belle) 1925
Eathel 1904

Edder 1900
Eden 1924
Edna 1900
Edne 1880
Edney 1855
Edoline 1898
Edred 1910
Edrie 1907, 1909
Edwina 1924
Edy 1834

Effa 1897
Effie (Sue) 1884, 1890
Effland 1917, 1918

Eitress 1908

Ekla 1914

Elander 1890
Elburna 1925
Elbert 1873
Elberta 1915
Elda 1877, 1900
Eldora 1865

16

Electa 1865, 1905
Eledice 1915
Elender* 1803, 1830
Elenina 1930
Eletus 1909
Elindor 1899
Elis 1916
Elise 1898
Elisha 1859
Eliza* 1825, 1839
Ella 1926
Ellender 1885
Ellene 1915
Elliotte 1904
Ellis 1928
Elma* 1905
Elmah 1880
Elmeda 1850, 1885
Elmina 1865
Elmine 1930
Elmira 1905
Elmora 1865
Elneatta 1911
Elnora 1916, 1919
Elodee 1938
Elodie 1899
Elsa 1903
Elsae 1896
Elta 1915
Eltha 1915
Elva 1904, 1905
Elvamae 1918
Elvie 1915
Elvina 1842, 1870
Elvita 1911
Elvera 1889
Elverda 1870, 1882

Elvia 1920
Elvita 1913
Elwanda 1910, 1920
Elymus 1916
Elza* (Belle) 1891
Elzira* 1840

Emalean 1901
Emaline 1872
Emelija 1902
Emma (Belle) 1909
Emmage 1920
Emmalean 1912
Emmer 1881, 1910
Emogene 1930
Emza 1914

Enid 1909
Enith 1895
Enola 1925

Era 1910, 1914
Erba 1920
Erca 1915
Eretta 1925
Erlynne 1926
Erma 1886, 1908
Ermal 1924
Ermel 1925
Erna 1904, 1907
Ernestine 1922
Erple 1913
Ersa 1903
Ersalee 1925
Ertis 1921

Esbell 1852

17

Esma 1925
Essie 1860, 1888
Esta 1889
Estelee 1918
Estella 1875, 1912

Etha 1907
Ethel 1911
Ethelyne 1913
Etries 1905
Etta* (Mae) 1864, 1875
Ettamae 1917

Eugene 1909
Eula 1903, 1926
Eulalah 1925
Eulalia 1918, 1926
Eulamae 1925
Eulan 1911
Euleen 1914
Euletta 1913
Euliah 1900
Eulice 1915
Euna 1900
Eunava 1924
Eunice 1884, 1905
Eural 1900
Eurith 1925
Eursie 1908
Eutola 1919

Evadean 1921, 1925
Evalee 1920
Evalena 1922
Evalina 1878
Evaline 1906
Evarene 1928

Evea 1926
Evedna 1914
Evelina 1928
Evie 1883

Exariffa 1857
Exona 1847

GIRLS – F

Fadra 1911
Fannie 1888, 1892
Fauneeta 1920
Fanny 1891, 1892
Fannye 1918
Faylana 1920
Fayma 1910
Fayrene 1928
Faytha (Mae) 1910

Felma 1907
Ferbie 1828
Ferle 1911
Fern 1895
Ferol 1892
Fernita 1927
Ferrel 1927

Flavel* 1902, 1913
Fleda 1913, 1930
Flo 1904
Flodell 1905
Floey 1925
Flonnie 1912
Flora 1913
Florence 1904

Floretta 1891, 1918
Floried 1916
Floriene 1928
Florinda 1860
Floris 1908
Flossie 1883, 1900
Floy 1880
Floydine 1906
Fly 1921

Fola 1906
Fonnie 1926
Fontella 1909
Forrest* 1928

Frances 1925
Fratie 1914
Freda 1903, 1925
Freddie 1912
Freeda 1926
Freida 1900
Frida 1888
Frieda 1923, 1929
Frona 1898, 1903
Fronia 1888, 1925
Fronie 1875

Furby 1885

GIRLS – G

Garlene 1930
Garneth 1921
Gavata 1923

Gemema 1820

Genelia 1861
Genella 1911, 1920
Genelle 1913
Geneva 1897
Genevice 1800
Genevive 1829
Geniece 1915
Genora 1928
Geordia 1890
Georgiann 1873
Georgie 1890, 1901
Georgina 1900
Geralda 1930
Gerlie 1882
Gertie 1878, 1930
Gertrude 1905
Gettie 1912
Gevena 1897

Ghislane 1924

Gilga 1907
Gisela 1930

Glandean 1914
Glee 1915
Glema 1900
Glenadine 1921
Glenn 1900
Glennis 1916
Glessie 1917
Glessner 1913
Glessnor 1896
Gloe 1903
Glois 1917
Glyndolyn 1918
Golden 1881

Goldena 1920
Goldia 1895, 1907
Gorda 1910

Grace 1890
Grethel 1926

Guertha 1903
Gussie* 1904, 1907
Gusty 1910

Gwendoln 1882

Gynell 1902

GIRLS – H

Hallie 1893, 1918
Hannah 1838
Hannalore 1930
Hans'l 1930
Harriet 1890
Hattie (Mae) 1864, 1885
Hazel* 1895
Hazy 1858
Hazelene 1925

Hebster 1870
Helena 1901
Helene 1899
Helma 1912
Helta 1914
Henry 1899
Hercia 1900
Hermina 1910
Hertha 1872, 1890

Hester 1908
Hettie 1883, 1902

Hildred 1920
Hilma 1901

Hope 1910
Hortense 1900

Huba 1919, 1924
Huberta 1925
Hulda 1895
Hulette 1926

GIRLS – I

Icel* 1925
Icie 1903
Icle 1906
Icy 1845, 1870

Ida (Mae) 1900, 1905
Ider 1890
Idotha 1924

Ila (Jane) 1925
Ila (Mae) 1916, 1927
Ilda 1914
Ileta 1925
Ilma 1908

Ima 1902
Imogene 1921

Ina 1897, 1910
Inabelle 1923, 1929

Inez   1905
Inice   1920
Inis   1910

Iola   1909
Iona   1923
Ionell 1930

Irmey   1898
Irena   1894
Ireta   1907, 1930
Iretha   1922
Irma   1900
Irmal   1905

Isa   1907
Ismaye   1909

Itress   1914, 1915
Itrice   1920

Iuna   1925

Ivalee   1926
Ivarene   1904
Ivawn   1913
Ivebelle   1864
Ivernia   1926
Ivie   1896
Ivy   1876

Iyone   1911

Izora   1918

GIRLS – J

Jack*   1920
Jacquetta   1928, 1930
Jada   1905
Jamie   1880
Jammia   1852
Jane   1828, 1857
Janelle   1930
Jauleta   1926
Jayma   1928

Jean   1842
Jeanettio   1870
Jeanine   1886
Jeannah   1910
Jelina   1850
Jema   1930
Jemima   1840
Jemninal   1808
Jenette   1930
Jenell   1929
Jenny   1861
Jerline   1929
Jerrene   1927
Jessamine   1910
Jessie   1892
Jessiedee   1912
Jesuria   1891
Jetta   1928
Jettie   1919
Jewell* 1909, 1912

Jimmie   1879, 1928

Joaner   1872
Jocelia   1907

Jo Eddys   1930
JoEtta   1920
Joella   1915
JoEvelyn   1906
John Babe   1861
Johnnie   1905, 1907
Jolita   1930
Jonette   1923
Jonnee   1926
Jorenda   1930
Jorene   1927
Joretta   1928
Josefina   1906
Josie   1863
Jossie   1913

Julia   1874
Juliet   1842
Junace   1925
Jurushey   1853
Justa   1910
Juveileen   1925

GIRLS – K

Karleen   1926
Karta   1930
Kat   1921
Kathlyn   1921
Katie   1891
Katy   1812

Keziah   1821, 1838

Kirsten   1895
Kitty   1885

GIRLS – L

Labell   1914
Lacretta   1920
Ladane   1910
Ladonna   1929
Lalia 1920
Ladornia   1926
Lajunta   1903
Lala   1909
Lalla   1902
Lalonda   1929
Lamantha   1870
Lamoine   1925
Lamona   1915
Lanita   1930
Lanola   1920
Laova   1905
La Quetta   1930
Lareva   1910
LaRue   1913, 1916
Laurel   1900, 1916
Lavada   1900
Lavale   1921
Laveda   1920
Lavena   1904
Lavene   1920
Lavenia   1826
La Vera   1906
Laverdia   1880
La Versa   1886
Lavina   1833, 1860
Lavon   1910, 1925
Lavona   1927
Lavonda   1930
Lawalna   1930
Laydean   1920

Lea Etta 1879
Leanar 1856
Lear 1824
Leathey 1900
Leattie 1898
Leavina 1915
Lebertia 1910
Lela 1909, 1927
Lelah 1902
Lema 1908
Lemious 1919
Lemyra 1840
Lena (Bell) 1908, 1930
Lenabell 1900
Lennie 1872
Lenora 1926
Lenova 1888
Leo 1839
Leo Dicia 1846
Leola 1919
Leolla 1890, 1926
Leolus 1913
Leoma 1920
Leon 1916
Leona 1890, 1906
Leora 1908, 1915
Leota 1877, 1927
Leoti 1891
Leria 1910
Lesbie 1924
Lessie 1900, 1913
Lesta 1900
Leta 1896
Letha 1860, 1904
Letitia 1825
Letta 1894
Lettie 1878, 1894

Levina 1835
Levia 1872
Levica 1851
Lexie 1916

Lida 1880
Liddie 1895
Lieucetta 1850
Lieutishie 1843
Lieuvisa 1820
Lila 1926
Lilace 1901
Lilah 1902
Lili 1890
Lilli 1848
Lillian 1860
Lillie 1861, 1877
Lillis 1895
Lilyth 1916
Lima 1908
Lina 1872
Lindolyn 1930
Linna 1907
Linnea 1911
Linnie* 1898, 1902
Lissie 1870
Lisann 1870
Lita 1905
Livy (Ann) 1860
Liza 1880
Lizzie 1912
Lizzy (Lou) 1910

Lockie 1911
Loda 1927
LoDema 1915
Lodene 1925

23

Lodenia 1928	Lovesy 1832
Lodyne 1921	Lovetta 1850
Loeda* 1900	Loveze 1843
Loeta 1914	Lovia 1910
Loita 1899	Lovina 1837
Lola 1908	Lozelle 1926
Loleeda 1902	
Lolita 1924	Luana 1916
Loma 1906, 1924	Lucene 1909
Lometa 1919, 1925	Lucetta 1885
Lona 1899, 1916	Lucinda 1819
Londa 1926	Lucrecy 1886
Lonla 1870	LuCreta 1926
Lorea 1908	Lucy 1836, 1874
Lorena 1891, 1913	Luda 1928
Lorietta 1909	Ludeene 1928
Lorinda 1890	Luella 1850, 1865
Lorna 1922	Luetta 1926
Lorrisia 1834	Luida 1925, 1930
Losha 1903	Luila 1895
Lota 1910	Lula (Mae) 1859, 1878
Lotha 1907	Lulella 1925
Lotte 1888	Lulu 1874, 1882
Lottie 1875, 1894	Lummie* 1872
Loubell 1878	Luna 1897
Loudean 1928	Lurena 1918
Louena 1860	Luretta 1881
Louette 1878	Lurita 1919
Louisa 1848	Lurla (Jane) 1901
Louisia 1860	Lutitia 1852
Lounelle 1925	Lura 1893
Lourema 1853	Luwelta 1928
Louvilta 1910	Luz 1918
Louzetta 1895	Luzella 1882
Lovella 1898	
Lovelle 1930	Lyda 1900
Lovern 1914	Lydia 1800, 1820

Lydie 1841
Lyla 1909
Lyle 1911
Lyndell 1910
Lynna 1908, 1916

GIRLS – M

Mabel 1905
Mable 1885
Macanna 1929
Macie 1901, 1906
Macy 1901
Mada 1910, 1920
Madaline 1919
Madelaine 1887
Madeleine 1894
Madeline 1909
Madene 1929
Madge 1926
Magaline 1905
Magda 1900
Magdalen 1915
Maggie 1879, 1880
Mahala 1825, 1847
Mahulda 1856, 1865
Maida 1912, 1918
Maithel 1915
Malina 1814
Malinda 1896
Malisia 1917
Mallie 1870
Malvina 1810, 1864
Mana 1920
Manda 1840, 1853

Mandaville
Manella 1910
Maple 1897
Maralyl 1928
Marcedee 1919
Marcedie 1896
Marcelette 1920
Marceline 1925
Marcella 1930
Marcidy 1896
Mardell 1906
Margie 1920
Margiele 1926
Margree 1923
Mariah 1849
Marilda 1854
Marinda 1835
Marine 1923
Marlita 1916
Marthelma 1922
Marthena 1922
Marva 1908, 1920
Marvel (Dean) 1924
Marvella 1925
Marydell 1920
Marynel 1885
Mata 1901
Mate 1890
Mathilda 1896
Matilda 1815, 1856
Mattie 1872, 1875
Mauda 1895
Maude 1888
Maudean 1900
Maudie (Mae) 1889, 1900
Mavis 1925
Maxine 1914

Maybell 1902
Maydean 1928
Mayma 1898
Maynell 1930
Mayora 1922
Maysel 1925
Mazie (Lee) 1904, 1925
Mazine 1908

Mearl 1902, 1924
Meda (Mae) 1887, 1900
Meddie 1878
Melba 1925
Melberto 1912
Mella 1920
Mellene 1924
Mellie 1918
Melrose 1926
Meltia 1913
Melva 1924
Melvina 1847, 1855
Melzina 1830
Mena 1895
Menelia 1926
Merele 1899
Merle 1919
Merola 1902
Merta 1900, 1905
Mertie (Mae) 1898, 1906
Merva 1904, 1917
Meryl 1906
Meta 1901, 1915
Mettie* 1900

Mickie 1910
Mida 1913
Midas 1916

Milainai 1849
Milda 1903, 1930
Millicent 1924
Mima 1910
Mina 1880
Minda 1900
Minerva 1844, 1890
Minervia 1845
Minnie (Mae) 1846, 1884
Minta 1887, 1896
Mintie 1894
Miranda 1848
Mirriam 1910
Missouri 1848, 1860

Modenia 1902
Moffett 1903
Moffit 1903
Molcie 1900
Molima 1850
Mollie 1908
Mona (Luna) 1920
Monnie (Etta) 1892, 1900
Monta 1884, 1911
Monterey 1907
Montie 1893
Morene 1913
Mozelle 1929

Mulbuda 1919
Muriel 1909, 1930
Murty 1873

Myra 1891, 1923
Myrl 1920
Myrta 1890, 1903
Myrtle 1873, 1884

Mytris   1924

GIRLS – O

Ocelia   1930
Ocie   1896
Octavene   1911
Octavia   1872

Oddie   1915
Odie*   1900

Oga   1887

Oka   1892, 1921
Okie   1900

Ola   1885, 1910
Olabel   1924
Oleda   1918
Olena   1920
Olene   1922
Oleta   1919
Oletha   1908
Oletia   1912
Oletis   1901
Oletta   1908
Olinda   1914
Olive   1841, 1920
Oliver*   1914
Ollabelle   1930
Ollie   1876, 1878
Olympia   1900

Oma   1905
Omega   1886, 1893

Ona (Ann)   1896, 1900
Onalee   1915
Onata   1901
O'Neal   1915
Oneeda   1916
Oneta   1926

Opal   1926
Opha   1890
Ophelia   1904, 1930
Ophia   1896

Ora* (Dell)   1883, 1889
Orba   1925
Orbey   1917
Oreta   1917
Orine   1900
Orlean   1913
Orlena   1865
Orlenia   1840
Orpha   1893
Orphea   1898
Ortha   1917
Orvilyn   1906

Osie   1891

Otha*   1870
Ottalee   1929
Ottilie   1884

Ova*   1926
Oval*   1912
Ovella   1930

Ozell   1920

Ozelle   1915

GIRLS – P

Page   1920
Pamelia   1875
Pansy   1892, 1905
Parnecy   1872
Parsety   1830
Parsity   1882
Parthena   1862
Pauline   1902, 1911

Peachye   1890
Pearl*   1891
Pearly*   1888, 1900
Pearn   1860
Perbie   1828
Peri   1927
Perla   1917
Permelia   1833
Permlia   1915
Perna   1908, 1919
Pernetia   1821
Pernetta   1865
Pernica   1928
Pernie   1887
Pervina   1866

Phalene   1914
Phebe   1890
Phelena   1872
Phillipeta   1870
Philomina   1929
Phoebe   1800, 1889

Pina   1897
Pink   1924
Piper   1894

Pluma   1896, 1912

Polly   1814
Polly Anna   1910

Prairie   1895
Prekseda   1900
Prim   1914
Prinda   1929
Prudence   1884
Prudy   1876

Purna   1900

GIRLS – Q

Queen   1859
Quida   1901
Quinnideen   1911
Quintilla   1863

GIRLS – R

Rabon*   1902
Rada   1870
Radie   1900, 1902
Raenita   1929
Rartheha   1828
Rayetta   1926
Rayma   1902, 1925
Raynita   1850

Rayo 1920

Reatha 1920
Reathel 1901
Reda 1920
Reeta 1892, 1915
Reitha 1912
Relenia 1925
Rella 1912
Rena 1909
Rennie* 1898, 1900
Reola 1899
Ressie 1904, 1912
Reta 1930
Retha 1880
Rethea 1929
Rethel* 1915
Retta 1876, 1909
Rettie 1890
Reva 1903, 1926
Re Vay 1927

Rhetty 1890
Rhoda 1890

Rilla 1890, 1900
Rina 1821
Rinda 1875
Rintha 1905

Roanna 1901
Rodna 1930
Roetta 1863
Rojina 1903
Rolena 1915
Roma* 1907
Romalda 1917

Romayne 1914
Romie 1910
Rosalea 1903, 1929
Rosa Lee 1864
Rosalee 1892
Rosalie 1923
Roscie 1878, 1918
Rose (Etta) 1895.1896
Rosegene 1924
Roselie 1930
Rosetta 1900
Rosilla 1925
Rosine 1900
Rowena 1916
Roxie 1861, 1900
Roxina 1880
Royetta 1924
Rozalia 1900
Rozella 1904, 1915
Rozelle 1926
Rozena 1916, 1920

Rua 1896
Ruah 1903
Ruba 1893, 1900
Ruby 1902, 1906
Rubydean 1926
Rubynelle 1917, 1920
Ruey 1912
Russee (Belle) 1883
Rutha (Jane) 1871
Ruthene 1907
Rutholene 1922

GIRLS – S

Sabina 1861
Sabra (Etta) 1874, 1901
Sada 1872
Sadie (Pearl) 1897, 1906
Safrina 1883
Safrona 1918
Salerida 1880
Salina 1870, 1890
Sallie 1849, 1889
Salutie 1890
Saphonia 1889
Sarahanne 1854
Sarah Belle 1927
Sarepta 1890
Sarrilda 1854

Scotty 1920

Segus 1908
Selma 1896, 1911
Serena 1821
Serilda 1845
Servy 1882

Sigfrid 1923
Sigrit 1927
Silva* 1914
Silvie 1922
Sina 1861, 1890
Sithia 1897

Sophia 1895
Sophronia 1832, 1848

Stella 1906

Stirlene 1930

Suda (Faye) 1920
Suetta 1927
Sundena 1920
Surrilda 1895
Susannah 1925
Susie 1900

Syilva 1913
Sylba 1900
Sylvene 1921
Sylvia 1911
Syreeta 1921
Syrilla 1914

GIRLS – T

Talitha 1835, 1886
Tallulah 1902
Talma 1918
Taney 1905
Taz 1900

Telitha 1840, 1875
Tella* 1895, 1900
Tempa 1900
Temperance 1840
Tempie 1887
Tennessee* 1847
Tennie 1890
Tessie 1893

Thaine 1916
Thalia 1899
Thara 1922

Thatsa   1903
Thea   1890
Thedis   1910
Thedosia   1878
Theo*   1856
Theodocia   1866, 1930
Theodsia   1874
Theola 1920
Theone   1927
Thersie   1901
Thetia   1925
Thetta   1909
Thula   1881, 1890
Thursa   1900

Ticy   1870
Tilda   1867
Tillie*   1873, 1901
Timi   1920
Timma   1870
Tine   1876
Tinnie   1889
Tireen   1877
Tissa   1880

Tola   1896
Tolitha   1830
Toncy   1908
Tonnia   1871
Toy   1904

Trassie   1926
Treasure   1910
Treece   1883
Tremellie   1893
Tressa   1905
Tressie   1892, 1900

Treva   1920
Trilba   1909
True   1913
Truie   1891
Turisa   1841

Twila   1917

GIRLS – U

Uel*   1902
Ueweda   1926

Ulala   1913

Una   1908

GIRLS – V

Val   1872
Valda   1925
Valdis   1910
Valeria   1873
Valeria   1873
Valmore   1921
Vandaly   1914
Vannie   1924
Vannoy   1860
Vaudie   1903
Vaunceil   1919

Veda   1895
Vedela   1856
Vedia   1930
Vee   1930

Veeda 1911
Velda 1889
Veldena 1926
Valera 1930
Velia 1919
Vella 1925
Vellie 1930
Velma 1907
Velrie 1905
Velta 1888, 1920
Velva 1912
Vena 1910
VenaElla 1925
Venice 1910
Venita 1905
Venoris 1900
Venus 1903, 1913
Verba 1900, 1913
Verbalee 1916
Verbilee 1912
Verda 1906
Verdry 1897
Verla 1901
Verlene 1925
Verma 1927
Vermell 1914
Verna* 1900, 1905
Vernice 1925
Vernie* 1904
Vernis 1920
Vernon* 1895
Verona (Mae) 1880
Veronica 1925
Versa 1904
Verta 1910
Vertress 1919
Vessie 1900

Vesta 1893
Vestal 1907
Vestie (May) 1900
Veta (Ann) 1920
Veva 1900, 1906

Vialena 1900
Viana 1926
Viccie 1900
Victoria 1890
Vida 1902
Vieta 1914, 1926
Vietta 1930
Vilena 1923
Villa (Ann) 1900, 1922
Villetta 1859
Vina 1893, 1907
Viola 1878, 1889
Violet 1835, 1911
Violetta 1861
Viona 1914
Viora 1906
Virbie 1917
Virble 1916
Virgie 1884, 1893
Vista 1903
Viva (Cloe) 1916, 1924
Vivigene 1922

Vola 1902, 1929
Volna 1911
Vonna 1915

Vurl 1906

GIRLS – W

Wadie   1907
Walcie   1919
Walena   1900
Walsie   1885
Walzie   1872
Wana   1894
Wanada   1920
Wanda   1829
Wanna (Jo)   1894
Wanna (Lee)   1900, 1926
Wannalea   1930
Wannis   1926
Wava   1917, 1921
Waymeth   1925
Wayna   1929

Wealtha   1905
Wealthy   1902
Weddie   1930
Weltha   1891
Wentrace   1923

White   1851

Wilamina 1918
Wilda   1917, 1920
Wildo   1913
Wiletta   1915
Wilhamelia 1909
Wilhelmina   1828
Willa (Mae)   1895, 1902
Willadean   1924
WillaDon   1930
Willamia   1849
Willard*   1909

Willena   1928
Willetta   1921
Willia   1919
Willie   1885, 1904
Willowene   1928
Wilmeeta   1880
Wilner   1901
Winfield   1904
Winifred   1899
Winnie   1907
Winona   1898

Worthy   1919

Wylene   1928
Wynaka   1930
Wynema   1923
Wyomia   1918, 1925

GIRLS – Y

Yeaneama   1909

GIRLS – Z

ZaEtta   1927
Zaida   1888
Zan   1885
Zana   1905
Zava   1930

ZeaElda
Zeda   1894, 1895
Zee   1923
Zelda   1908

◇ Zelia   1915
◇ Zell   1863
◇ Zella   1900, 1904
◇ Zelma   1873
◇ Zelpha   1880, 1904
◇ Zena   1913
◇ Zetta   1903, 1906

Zidana   1855
Zilla   1873
Zilpa   1868
Zinka   1905
Zipporah   1897

Zoa   1901
Zoe   1930
Zola   1915
Zona   1863, 1879
Zora   1930

Zula   1902, 1904
Zuline   1923

Names
for
Boys

BOYS – A

Ab 1893
Absalom 1862

Ace 1894
Acel 1800
Achilles 1870
Acie 1898
Acy 1924

Adelbert 1885
Addison 1872
Adna 1915
Adoneth 1900
Adren 1908
Adrey 1860

Aksel 1905

Alban 1885
Alden 1925
Aldin 1878
Aldine* 1913
Alford 1903, 1909
Allder 1930
Allie 1867, 1900
Almer* 1886, 1895
Almon 1910, 1911
Almus 1874
Alois 1893
Alonzo 1860
Aloysius 1888, 1916
Alpha* 1893
Alpheus 1860
Alphinzeen* 1921
Alson 1830

Alva 1897, 1903
Alvia 1876, 1898
Alvie 1920
Alvin 1926
Alvis 1856

Amasa 1818
Ambrose 1805, 1858
Amon 1910, 1926

Ancil 1912
Anker 1892
Annamius 1860
Antal 1906

Aquilla 1815

Arbie 1915
Arch 1872, 1901
Archibald 1800
Arcie 1917
Arden 1883, 1907
Ardo 1906
Argie 1928
Argil 1900
Arhart 1925
Aries 1918
Arkley 1862
Arlan 1926
Arle 1900
Arlen 1928
Arley 1915
Arlie 1926
Arliegh 1921
Armond 1930
Arnett 1907
Arno* 1920

36

Arville   1930
Arvy   1916
Arzo   1916

Asa   1915, 1922
Ashel   1895
Ashil   1901, 1928
Athel (Rex)   1908
Atlas   1900
Atwell   1925
Aubrey   1922
Auburn   1900
Audie   1891
August   1848, 1879
Aulcy   1894

Avery   1892
Avriel   1925

Azell   1919

BOYS – B

Bailey   1893
Ballard   1857
Barberia   1876
Bardwell   1885
Barrett   1886
Barton   1852
Basil   1914
Basol   1915

Beach   1926
Bearl   1917
Beattie   1896, 1913

Bela   1881
Beley   1904
Benton   1881, 1887
Berkley   1918
Berlin   1930
Berman   1930
Bernell   1930
Bernie*   1889
Bertram   1907
Beryl*   1900
Bev   1905
Bevin   1912

Bing   1898
Birchel   1920

Blaine   1930
Bland   1896, 1925
Blank   1820
Blinn   1915
Blond   1917
Blueford   1851

Bodie   1900
Bolddike   1870
Bon   1887, 1918
Boon   1919
Boone   1918
Borden   1855
Bosa   1890
Bowles   1881
Boyce   1919
Boyd   1893

Brack   1925
Braddine   1919
Bradford   1837

Brainard 1905
Braze 1914
Brennan 1925
Brenton 1840
Brick 1920, 1924
Brit 1912
Brodie 1909
Brooks 1911
Brooskie 1887
Browder 1914
Brownlow 1917
Bruel 1908
Bryant 1809
Bryce 1930
Bryl 1902
Bryn 1869

Buel 1912
Buford 1896
Bun 1880
Bunk 1929
Burl 1900, 1905
Burley 1912
Burnell 1930
Burnice 1930
Burnist 1915
Burrow 1800, 1819
Burton 1866
Burtron 1875
Bus 1919
Bustin 1843
Bush 1878

Byron 1920
Byrd 1828

BOYS – C

Calud 1888
Cannie 1888
Carole 1925
Caroll 1909
Carrol 1917
Carson 1884
Cas 1905
Cash 1916
Casper 1843
Cass 1866
Casswell 1880, 1913
Cecil* 1896, 1914
Cederic 1854

Chalmer 1921, 1924
Champ 1890, 1900
Charley 1875
Chauncey 1920
Chelmer 1920
Chesley 1908
Chess 1903
Chester 1900, 1908
Chil 1866

Cicero 1890

Clair 1899
Clarence 1898
Claris 1921
Claude* 1886
Claudio 1903
Clay 1891
Clayborn 1905
Clayton 1885
Clebert 1929

Clell   1900, 1913
Clellia   1907
Clem   1873, 1895
Clemence   1895
Clemens   1893
Clement   1910
Clemons   1915
Clenis   1920
Cleo   1878, 1900
Cletus   1903, 1925
Cleve   1885, 1893
Clifton   1910
Cline   1920
Clint   1893
Clinton   1899
Clivy   1930
Cloin   1910
Clois   1908, 1913
Cloren   1905, 1919
Clovis   1880, 1890
Cloy*   1926
Cloyce   1939
Clyde   1908

Collins   1810
Coleman   1919
Columbus   1831, 1890
Commodore   1896
Condy   1920
Confrey   1911
Conly   1930
Connie   1899
Consion   1870
Constantine   1850
Conville   1927
Cooper   1874
Cordis   1900

Corliss   1905
Cornelius   1845
Cortez   1872
Cortis   1900, 1911
Cotton   1910, 1930
Courtmon   1908
Coy   1917
Coyde   1920

Crandall   1918
Crandel   1891
Crete*   1917
Crockett   1886

Cub   1872, 1887
Cule   1881
Culvy   1910

Cyril   1916
Cyrus   1812, 1886

BOYS – D

Dade   1878
Dagmar   1913
Dal   1926
Dalton   1925
Damian   1925
Dane   1907
Danilo   1910
Darence   1923
Darius   1923
Darwin   1920
Daylon   1927
Dayton   1930

Decator 1920
Decatur 1912
Deeno 1926
Deford 1910
Deforrest 1930
Dekalb 1837
Delaney 1817
Delbert 1874, 1904
Dell 1901
Delmar 1926
Delmer 1929
Delmus 1925, 1928
Delno 1923, 1924
Delos 1900
Delroy 1902
Delton 1926
Delvin 1924
Denton 1925
Denver 1919
Denzil* 1850
Derbrow 1871
Derrell 1815
Desmon 1919
Dever 1905
Devoe 1924
Deward 1901, 1905
Dewayne 1927
Dewel 1920
Dewey 1921, 1926
Dewitt

Dillard 1907, 1911
Dixon 1889

Dock 1890, 1908
Dofferd 1894
Doin 1925

Dolan 1919
Dolph 1867, 1872
Dolpha 1915, 1924
Dona* 1872
Donal 1930
Donovan 1922
Dooley 1930
Doral 1908
Doris 1918
Dorman 1910, 1912
Dorr 1926
Dorsey* 1885
Dorwin 1919
Doss 1884
Dover 1910, 1917
Doyle 1915, 1925

Dred 1900
Drexel 1927

Duffern 1900
Dugan 1913
Dump 1850
Durward 1927
Dusky 1895

Dysart 1920

BOYS – E

Eagle 1924
Earn 1915
Eaylon 1926

Ebb 1882
Eber 1928

Edgal   1915
Edgar   1913
Edgil   1903
Edrye   1923
Edison   1900
Edson   1909

Effus   1890
Efton   1918, 1922

Egan   1895

Elbert   1895, 1913
Elby   1905
Eldred   1920
Elender*   1871
Elgie   1907
Elgin   1898
Eli   1879
Elial   1833
Elias   1866, 1900
Elijah   1888
Elisha   1866, 1898
Eliza*   1846
Elkana   1817, 1821
Ellison   1850
Elma*   1907
Elmer   1925
Elmo   1925
Elston   1914, 1915
Elum   1930
Elvege   1904
Elvest   1884, 1893
Elvis   1866, 1879
Elwin   1924
Elwood   1924
Elwyn   1915

Elza*   1919
Elzie   1905, 1914
Elzira*   1887
Elzy   1915

Emerson   1895, 1912
Emery   1900, 1907
Emil   1893, 1900
Emory   1914
Emmel   1893
Emmett   1886
Emsley   1855

Enos   1894

Ephraim   1860

Erastus   1887
Erdmann   1918
Ertie   1902
Erven   1914
Ervin   1920

Eschol   1900, 1908
Esco   1929
Esker   1900
Esko   1914
Eston   1917
Estus   1900

Ethmer   1913
Ethridge   1905
Etta*   1890

Euard   1926
Eucla   1917
Euphrates   1866

Eurial 1845
Eusebius 1800

Evart 1928
Everett 1925
Evert 1880, 1926
Evin 1820

Ewald 1905

Exie 1924, 1927

Ezra 1918

BOYS – F

Fagette 1870
Faires 1901
Fairl 1927
Faman 1927
Farol 1927
Farrell 1916, 1930
Farris 1924
Farron 1911
Fate 1925
Fay 1881, 1923
Faye 1925
Faxon 1915

Felipe 1870
Felix 1849, 1856
Ferdie 1908
Fermin 1906
Fernon 1923

Fillmore 1887

Finis 1900, 1925
Finley 1815, 1913
Fiske 1900

Flavel* 1914
Flavins 1870
Flayvel 1911
Flem 1928
Fletcher 1900
Floice 1926
Florida 1895
Floydie 1897

Folie 1905
Forrest* 1895
Foster 1922
Fount 1908, 1924
Foy 1923
Fox 1872

Francisco 1870
Fredie 1885
Freman 1922
Freeman 1851
Fritz 1890

BOYS – G

Gaines 1900
Gaither 1875
Galen 1884, 1905
Ganey 1900, 1902
Garaleston 1925
Garin 1917
Garland 1918
Garley 1915

Garnet 1910, 1918
Garnett 1899
Garrard 1919
Gaston 1887
Gaylord 1925

Gentry 1872
Geo 1890
Gerhard 1900
Gerson 1910

Gib 1928
Gideon 1919
Gilber 1800
Gilbert 1892, 1913
Gilford 1912
Giles 1900
Gill 1909
Gipson 1833

Glena 1910
Glenton 1893
Glenwood 1925
Glesco 1925
Garman 1920
Glove 1871
Glynden 1920
Glynn 1912

Gnuffer 1870

Gola 1898, 1902
Gollie 1879
Gordy 1896
Gorman 1920
Govenor 1900

Graden 1900
Gradie 1919
Grady 1916
Grantty 1870
Granville 1877, 1913
Gratton 1913, 1919
Gratz 1906
Green 1848, 1867
Greenberry 1849, 1870
Greenup 1865
Grover 1890, 1896

Guido 1928
Gus 1901
Gussie* 1910
Guy 1910

Gwyn 1910
Gwynne 1909

BOYS – H

Haddon 1907
Hade 1923
Hadley 1886, 1908
Hairsy 1878
Hale 1915
Halleck 1905
Halvor 1909
Hamlin 1925
Han 1920
Hanford 1914
Hanard 1895
Happy 1929
Harbin 1850
Harce 1915

Hardy   1878, 1922
Harl   1908
Harlan   1896
Harlin   1885
Harley   1888, 1917
Harman   1918
Harmie   1879
Harmon   1900
Harney   1864
Harper   1913
Harrison   1840
Harrol   1924
Hart   1880
Hartrell   1909
Hartwell   1918
Harvey   1893
Hasser   1905
Hawk   1856
Hazel*   1902

Heber   1918
Hector   1803
Henderson   1925
Henson   1836
Herbert   1918
Hermie   1926
Herschel   1912, 1926
Heydon   1901
Hezikiah   1854

Hillard   1903, 1915
Hillary   1849
Hilmer   1904
Hiram   1862
Hirley   1886

Hobart   1920, 1930

Hobby   1906
Hobert   1925
Hodge   1900
Holcomb   1860
Holland   1920
Hollen   1873
Hollis   1900, 1925
Homer   1889, 1898
Horace   1883, 1885
Hoyt   1930

Huber   1900, 1919
Hudson   1825
Hugh   1921
Hulsey   1886
Hume   1851
Hunter   1922
Hurse   1919
Hutton   1896

BOYS – I

Iby   1900

Icel*   1880

Ike   1883

Ira   1880, 1900
Iradel   1912
Ireland   1920
Iris   1920
Irrie   1919
Irvie   1910
Irvin   1860

Ish 1921
Isham
Isom 1874, 1885

Italy 1905

Iva 1846
Ival 1913
Ivan 1917
Ivanhoe 1913
Iven 1926
Ivyl 1902

BOYS – J

Jake 1851, 1869
Jamison 1820
Jarvis 1926
Jasper 1855, 1886

Jefferson 1859
Jep 1912
Jere 1830
Jerlie 1904
Jerol 1930
Jesse 1906
Jestin 1806
Jewel*
Jewet 1853

Jinks 1910

Joner 1908
Jopes 1890, 1892
Josear 1870
Joy 1880, 1915

Juble 1858
Jude 1912
Judson 1924
Jules 1842
Julius 1900
June 1908
Justeen 1846
Justice 1876

BOYS – K

Kadire 1890
Karel 1908
Kay 1916

Keet 1926
Keller 1895, 1901
Kelt 1920
Kendrox 1930
Kennard 1922
Kennison 1917
Kenton 1917
Kermit 1915, 1916
Kern 1920
Kester 1918, 1925

Kig 1892
Kimmbal 1891
Kingston 1921
Kirby 1916
Kit 1820

Knowles 1882

BOYS – L

Lacy 1886
Laddie 1930
Lafayette 1915
LaFrance 1919
Lalan 1917
Landis 1920
Landon 1886, 1915
Lanford 1927
Lank 1885
Lansden 1873
Larkin 1825, 1850
Lather 1889
Laurant 1830
Lauri 1916
Lavern 1926
LaVerne 1920
Laverne 1916
Lawson 1890
Layton 1916

Leamon 1912, 1925
Leander 1889
Leftbrick 1870
Leftnick 1870
Lehman 1911
Lenear 1926
Leland 1814, 1907
Lem 1893, 1925
Lemoin 1927
Lemuel 1825, 1861
Lendol 1930
Lenley 1923
Lennis 1927
Lenville 1928
Leoatie 1915

Lester 1925
Lewel 1916
Lewin 1870
Leymon 1924

Lige 1915, 1928
Lilburn 1850
Lillard 1912
Lincoln 1870, 1900
Linden 1914, 1929
Linford 1925
Linnie* 1911
Linsey 1930
Linville 1900, 1915
Linvle 1896
Lisle 1896, 1910
Litus 1870
Livingston 1861

Loeda* 1916
Lola 1886, 1895
Loman 1914
Lon 1887
Lonzo 1869, 1929
Loren 1912
Loring 1890
Loris 1910
Lorn 1910
Louie 1915
Lovan 1850
Lowell 1930
Loy 1884, 1897
Loyal 1921

Lucian 1901
Luclen 1835
Lum 1870, 1887

Luman 1888
Lummy (Ray) 1900
Luther 1891

Lycurgus 1910
Lyman 1924
Lymon 1920
Lyndon 1903
Lynville 1911
Lyfus 1850
Lysander 1876

BOYS – M

Mack 1896
Mackey 1900
Macie 1900
Mairda 1883
Malcolm 1905
Male 1835
Malven 1919
Malvern 1860
Mancel 1903
Mancil 1920
Manford 1891, 1922
Manley 1820
Mann 1825
Mannie 1900, 1901
Manning 1925
Manzay 1830
Marion 1855
Marley 1891
Marlin 1920
Marshall 1908
Marvin 1892
Marzine 1923

Massey 1890
Matha 1891, 1895
Mathias 1830
Max 1873, 1919
Maxon 1916
Mayben 1895
Mayhew 1886
Maynard 1904, 1922
Maywood 1915

McClelan 1867
McGeorge 1865
McKinley 1907

Meadford 1845
Melbert 1915
Melferd 1930
Melvis 1905
Merit 1900
Merrill 1927
Merton 1910
Merwin 1908
Merwyn 1915
Metie* 1875

Milander 1853
Milbert 1926
Millard 1893, 1919
Miller 1900
Milo 1901
Milton 1885
Mily 1837
Minot 1894
Mirith 1890
Mitchel 1816

Moine 1923

Moncey   1921
Mondean   1924
Monroe   1859, 1872
Monte   1890
Moore   1929
Morgan   1910
Mose   1900
Moser   1823

Murley   1900
Murrell   1912
Murtim   1870
Murvon   1880

BOYS – N

Naaman   1894
Nabraska,   1926
Nation   1826

Nealy   1873
Ned   1923
Nells   1919
Newell   1910
Newton   1885
Nevil   1880
Neville   1886
Newberry   1914, 191

Niels   1816

Noble   1906, 1914
Norbert   1916
Normal   1895
Norman   1818
Norris   1897, 1926

Norval   1908
Norvin   1928
Norwood   1900

Numa   1930
Nutie   1920

BOYS – O

Oakley   1925

Obe   1906
Obed   1912
Obern   1918
Obie   1925
Obra   1899
Oby   1920

Oca   1905
Octa   1900

O'Dean   1916
Odell   1915
Oden   1862
Odess   1910
Odie*   1922
Odis   1917, 1920
Odron   1895

Ofener   1920
Off   1905

Okla   1927

Ole   1886
Olen   1902

Olin 1920
Olind 1919
Oliver* 1907, 1916
Olm 1884

Omas 1900
Omer 1903, 1921
Omler 1909

Onal 1897
Onan 1895
Onas 1910
Onice 1921
Onis 1900
Only 1895
Onon 1887
Onus 1905

Ora* 1909, 1925
Orange 1820
Orda 1885
Orgon 1880
Orian 1906
Orie 1916
Orin 1911
Oris 1895
Orla 1925
Orlando 1890, 1917
Orlen 1902
Orlin 1907
Orlis 1900
Ormal 1880, 1902
Ormel 1894
Orum 1850
Orville 1876

Oscar 1882

Otero 1870
Otha* 1895
Othar 1890
Othel 1923, 1930
Otho 1892, 1901
Otis 1902, 1912
Otto 1898, 1928

Ova* 1901, 1909
Oval* 1925
Ovis 1930

Ozzie 1924

BOYS – P

Paden 1875
Pal 1893, 1896
Palemon 1870
Palmer 1914
Paris 1889, 1902
Parker 1869, 1905
Parks 1900
Parnick 1850
Paxon 1887

Pearl* 1922, 1925
Pearly* 1884
Pem 1920
Percy 1924
Perrill 1922
Perry 1886, 1887
Persay 1849

Pharis 1924

Philomon   1840

Pleas   1903, 1909
Pleasant   1817, 1834
Ples   1908
Plesant   1878

Pona   1911
Powel   1925

Prentice   1926
Presley   1915
Preston   1820
Price   1910
Pridilk   1870
Protor   1930
Pryor   1903, 1915

Purd   1920

BOYS – R

Rabon*   1928
Ragsdale   1910
Ralphard   1912
Rama   1908
Ramos   1901
Rance   1930
Ransom   1911, 1920
Raphael 1909
Rastus   1876
Rathel   1918
Rayburn   1924
Raydell   1820

Reason   1821
Reece   1885, 1898
Reed   1891
Reginald
Regis   1920
Ren   1869, 1880
Rene   1925
Renne*   1878
Reno   1926
Rethel*   1900
Reubin   1801
Revis   1930
Rex   1912, 1919

Rhode   1875

Richter   1900
Riley   1873
Riney   1930
Rip   1930

Roland   1929
Rolive   1920
Roll   1861
Rolla   1897, 1908
Rollie   1900
Rollin   1892
Rollo   1862
Roma*   1914, 1927
Rona   1900
Rosco   1925, 1930
Roscoe   1897
Ross   1920
Rowan   1882
Royal   1891, 1930

Rube 1866
Rubert 1925
Rubin 1849
Ruel 1906
Ruff 1925
Ruffin 1905
Rufus 1835
Ruie 1911
Rupert 1929
Rush 1858

BOYS – S

Sam 1861, 1895
Samp 1870
Sanford 1928

Schuyler 1868, 1895
Scotch 1900

Seaburn 1841
Sears 1895
Seaton 1820
Seba 1899
Seburn 1876
Seldon 1925
Senas 1872
Seybert 1927

Shadrick 1850
Sharp 1815
Sheirl 1919
Sheridan 1905
Sherman 1918

Silas 1889, 1894

Silva* 1895
Sim 1877, 1916
Simon 1820
Sirel 1913

Smith 1900

Solie 1925
Solomon 1850
Solon 1921

Spurgeon 1893, 1918

Starlin 1900
Stephen 1829
Sterling 1920
Stoy 1910
Sturievant 1885
Sturlen 1850

Suel 1923
Sully 1926
Summer 1888
Sumner 1874

Swede 1925

BOYS – T

Taft 1896
Tantley 1900
Tarah 1897
Tarlton 1803
Tarrant 1905
Tate 1902

Tecumsia 1867
Tell 1899
Tella* 1905
Temon 1900
Tennessee* 1855
Tennie 1915
Terrell 1935
Terrence 1925

Thayer 1903
Thedford 1923
Thee 1895
Thelbert 1930
Theo* 1899
Theophil 1901
Theron 1879, 1918
Thorsteen 1928
Thurm 1877
Thurmond 1888

Tilford 1915
Tilmon 1845
Tillman 1874
Tilly* 1865
Timbolake (Moon) 1837
Tip 1929

Toba 1891
Townley 1830
Townzen 1801

Traverse 1892
Tray 1916
Trecil 1912, 1913
Treece 1900
Tren 1905
Triece 1920

Troyce 1922, 1930
Truman 1925

Turpin 1854

Tyre 1850

BOYS – U

Uba 1909

Uel* 1893

Uke 1896

Ules 1909
Ulysses 1880

Umphery 1930

Urban 1914

Uriah 1801

BOYS – V

Van 1922
Vandia 1895
Varnel 1857

Vedas 1909
Vel 1897
Vencil 1911, 1920
Ventura 1916
Verane 1900

Verbon   1930
Verd   1898
Verdayne   1912
Verdis   1918
Vergal   1921
Verl   1928, 1930
Verlan   1908
Verlon   1909, 1930
Verna*   1911
Verner   1918
Vernie*   1894
Vernon*   1918
Verol   1924
Vesper   1923
Vestal   1912
Vester   1914, 1920
Vesvitt   1870
Vet   1916

Villar   1890
Vincel   1925
Vincil   1905
Vinson   1910
Vint   1899
Vinton   1918
Virchel   1912
Virgil   1900
Virl   1886

Voisy   1901
Volney   1900
Voytil   1917

Vrest   1900

BOYS - W

Waclaw   1915
Wal De (Lee)   1914
Waldemar   1908
Waldo   1896
Walker   1873
Walton   1903
Wando   1925
Ward   1900
Wardour   1875
Warford   1915
Warner   1886, 1908
Warren   1921, 1923
Wash   1877
Washington   1893
Watson   1907
Wayman   1912
Waymon   1916, 1925

Welcome   1800
Weldon   1886, 1912
Wentford   1910

Wheeler   1912
Wherry   1917
Whitfield   1838
Whitteen   1895

Wilbern   1903
Wilbert   1905, 1925
Wilbur   1871
Wilford   1910
Willard*   1917
Willi   1900
Willis   1925
Wilmer   1910, 1924

Wilton   1848, 1895
Win   1891
Wincel   1930
Windle   1850
Winfred   1890, 1900
Winner   1905
Winstel   1908
Winten   1926
Winton   1914

Wood   1863
Woodford   1835
Woodrow   1913
Woodward   1929
Wooster   1870

Wren   1920, 1925

Wyley   1872
Wystan   1907
Wyves   1909

BOYS – Y

Yancy   1915

BOYS – Z

Zackery   1896

Zebidee   1836
Zebulon   1833
Zeke   1880
Zelmon   1860
Zene   1870

Zenis   1870
Zenith   1927
Zenon   1900
Zerl   1930

Zoltan   1918

Zuck   1883